Hallo!

In der Geschichte findest du an einigen Stellen Profifragen zum Text.

Deine Antworten kannst du mit einem Lesezeichen überprüfen. Das findest du zum Ausschneiden auf S. 91 im Buch.

Es ist dein Lösungsschlüssel!

FSC www.fsc.org
MIX
Papier aus verantwortungsvollen Quellen
FSC® C084279

Erschienen bei FISCHER Duden Kinderbuch

Lektorat: Sophia Marzolff
Fachberatung: Ulrike Holzwarth-Raether
Gestaltungskonzept: Farnschläder & Mahlstedt, Hamburg
Layout: Michelle Vollmer, Mainz
Umschlagkonzept: Frauke Schneider, Wittighausen
Umschlaglayout: Mischa Acker, Brühl

Druck und Bindung:
Print Consult GmbH, München
Printed in the Slovak Republic
ISBN 978-3-7373-3440-2

Leseprofi

2120

Total verrückte Fußballgeschichten

Sabine Stehr

mit Bildern von Jan Birck

FISCHER Duden Kinderbuch

Inhalt

Total verrückt nach Fußball

Kicken

Milan liebt Fußball.
Am liebsten würde er
morgens kicken,
mittags kicken,
abends kicken.
Und nachts natürlich auch.

Er kickt in seinem Zimmer,
im Flur, sogar in der Küche.
Aber das mag seine Mutter
nicht besonders.
Neulich ist der Ball nämlich
im Suppentopf gelandet.

Heute ist es draußen
warm und trocken.
Milan will zum Bolzplatz!
Aber erst muss er
Hausaufgaben machen.

Schnell rechnet Milan
die Zahlenrätsel aus.
Dabei zappeln seine Beine.
Sie wollen jetzt schon
rennen, dribbeln, flanken.

Endlich!

So, geschafft.
Jetzt ist Fußballzeit!
Milan holt seine Sportsachen
aus dem Schrank:
das Trikot
und die gelben Fußballschuhe.

„Bis später!“, ruft Milan.
Er rennt mit dem Ball zu Luis.
Auch Luis liebt Fußball.
Er wohnt
nur drei Straßen weiter.

Milan klingelt.
Leider hat Luis keine Zeit.
„Ich muss zum Zahnarzt“,
stöhnt sein Freund.

Mit wem soll er nun kicken?
Hm ... Milan überlegt.
Da radelt Karo an ihm vorbei.
„Hast du Lust auf Fußball?“,
fragt Milan.

Milan freut sich.
Die beiden sausen
zum Spielplatz an der Ecke.
Dort auf der Wiese
stehen zwei rostige Tore.

Profifrage 1

Was steht auf der Wiese?

- zwei rostige Tore
- zwei rosige Tore
- zwei rostfreie Tore

Auf dem Spielplatz

Lachend bolzen sie
über das Gras.
Karo ist am Ball.
Sie zielt aufs Tor,
trifft aber nur den Pfosten.

Der Ball prallt ab
und fliegt zur Schaukel.
Auweia! Dort schubst ein Opa
gerade seine Enkelin an.
Zum Glück streift der Ball
nur den Hut des Mannes.

Der Hut fällt herab und landet
auf dem Kopf der Enkelin.
„Hoppla!“, ruft Karo.
Alle lachen.
Der alte Mann schießt
den Ball zurück.

Milan will den Ball annehmen,
doch ein kleiner Junge
läuft dazwischen.
Er greift nach dem Ball,
wirft ihn ins Netz und ruft:

Weitere Kindergartenkinder
stürmen auf die Wiese.
Ach herrje!
Milan und Karo sind umzingelt.
Sie spielen kurz zu acht.
Dann reicht es den beiden.

Profifrage 2

Was bedeutet das Wort „umzingeln“?

- jemanden verscheuchen
- jemandem den Platz wegnehmen
- jemanden umringen

Auf der Straße

„Gehen wir woandershin?“,
fragt Karo. Milan nickt.
Die beiden schlendern zu Karo.
„Wir könnten hier kicken!“
Karo deutet auf die Straße.
„Ohne Tore?“, fragt Milan.

Aber Karo hat eine Idee.
Die Mülltonnen stehen noch
am Straßenrand.
Karo schiebt sie zurecht.
Schon werden die Tonnen
zu Pfosten der Tore.

Die übrigen Tonnen
sind Gegenspieler.
„Bereit?“, fragt Milan
und stößt den Ball an.
„Nicht ganz.“
Karo läuft schnell ins Haus.

Von ihrem Schreibtisch
holt sie einen Pokal.
Karo hat ihn
selbst gebastelt.
Er besteht aus Pappe
und Goldpapier.

Die Meisterschaft

„Wer zuerst fünf Tore schießt, gewinnt die Meisterschaft.“
Milan nickt.
Das Spiel kann beginnen.
Karo hat Anstoß.
Sie dribbelt in Richtung Tor.

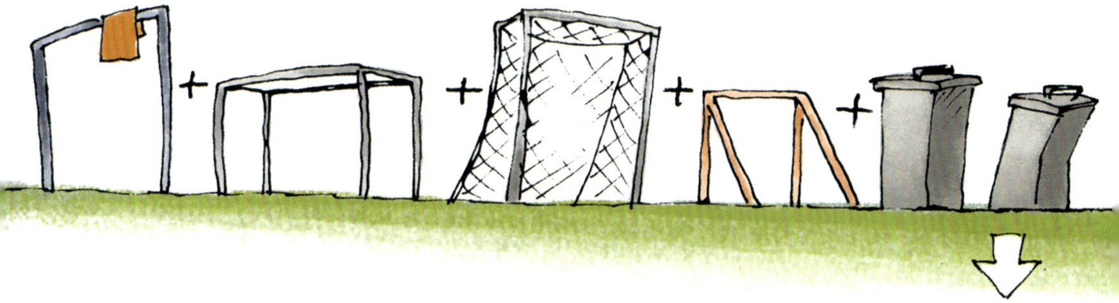

In letzter Sekunde
geht Milan dazwischen.
Er schießt den Ball weg.
Leider fliegt der Ball
über eine dornige Hecke.
Dahinter bellt ein Hund.

Milan späht durchs Gebüsch.
Er sieht eine schwarze Dogge.
Knurrend jagt sie den Ball.
„Aus, Kläffi! Pfui!“,
mahnt eine Frauenstimme.

Zu spät! Die Dogge beißt
in Milans Ball.
Es zischt. Der Ball ist platt.
„Und jetzt?“, fragt Milan.
Da kommt die Nachbarin
zu ihnen.

Sie entschuldigt sich
für ihren Hund.
„Kommt mal mit!“
Die Frau führt Milan und Karo
zu ihrer Garage.

Der neue Ball

Aus dem Gerümpel holt sie
einen Lederball hervor.
Er ist glänzend rot, fast neu.
„Für euch! Als Ersatz.“
Milan und Karo strahlen.
Das Spiel kann weitergehen.

Milan ist am Ball.
Doch Karo schnappt ihn
sich einfach.
Sie schießt den Ball hoch.
Genau in diesem Moment biegt
der Postbote um die Ecke.

Geschickt köpft er
den Ball ins Tor.
Karo jubelt.
„Zählt das?“, fragt Milan.
„Klaro!“, ruft Karo. „Er ist
mein Mittelfeldspieler!“

Profifrage 3

Was stimmt?

- „Klora!“, ruft Karo.
- „Klaro!“, ruft Karo.
- „Karo!“, ruft Klaro.

Milan mault: „Dann suche ich
mir auch jemanden!“
„Frag doch die!“, lacht Karo.
Sie zeigt auf eine Frau
mit Stöckelschuhen.

„Nö!“, sagt Milan.
Er hat einen besseren Plan.
Gerade kommt nämlich
Karos Vater von der Arbeit.
Früher war er mal Stürmer,
der Beste seiner Liga.

Verstärkung

Milan fleht:
„Helfen Sie mir!“
Karos Vater lacht und nickt.
Aus dem spitzen Winkel
schießt er sofort ein Tor.

Doch schon greift der Postbote
über links außen an.
Er flankt zu Karo.
Sie trifft ins Tor.
2:1 für Karo!

Zum Glück gelingt Milan schnell der Ausgleich.
Alle kämpfen tapfer weiter.
Bald steht es 4 : 4.
Der nächste Treffer entscheidet, wer siegt.

Die Entscheidung

Karo dribbelt aufs Tor zu.
Milan läuft hinterher.
Leider steht ihm
eine Mülltonne im Weg.
Milan stolpert
und stürzt.
Oje! Tor für Karo!

War’s das? Nein!
Die fiese Tonne
bekommt eine Rote Karte
und Milan einen Elfmeter.
Der Ball landet genau
im Tor.
Jetzt steht es 5:5.

Das Spiel ist aus.
Alle geben sich die Hand.
Der Postbote radelt weiter.
Karos Vater geht ins Haus.
Milan und Karo
folgen ihm.

Profifrage 4

Wer hat das erste Tor geschossen?

Ihre Mägen knurren.
Kicken macht hungrig.
Wie gut, dass es gerade
Pfannkuchen mit Äpfeln gibt.
Lecker!

Danach verschwinden
die beiden in Karos Zimmer.
Dort basteln sie
einen zweiten Pokal.
Er wird genauso schön.

Karo und Milan
finden nämlich:
Beim Fußball
darf es auch mal
zwei Sieger geben.

Die Matsch-Kicker

Kein Fußball!

Juhu! Wochenende!

Ganz viel Zeit für Fußball.

Milan schnappt seinen Ball.

Fast ist er zur Tür hinaus.

Da taucht seine Mutter auf.

„Heute nicht!“, sagt sie.

Heute feiert Milans Vater
seinen Geburtstag nach.
Milan soll nicht kicken.
Er soll sich
um die Gäste kümmern.
„Och nee!“, stöhnt Milan.

Ein Tag ohne Fußball?
Das geht nicht.
„Doch!“,
meint Milans Mutter.
Sie legt den Ball beiseite:
ganz oben auf den Schrank.

Schon kommen die ersten Gäste.
Der neue Kollege vom Vater
bringt drei Kinder mit.
„Das sind Tom, Leni und Alex“,
erklärt der Vater kurz.

„Spielt doch Mau-Mau!“,
schlägt die Mutter vor.
Milan verdreht die Augen.
Alle setzen sich an den Tisch.
Gelangweilt mischt Milan
die Karten.

Profifrage 5

Milan verdreht die Augen.
Was bedeutet das?

- Er hat einen Tick.
- Er wird ohnmächtig.
- Er findet Mutters Vorschlag doof.

Da kommt Karo herein.
„Hallo Leute!“, ruft sie.
Hinter ihrem Rücken
zaubert sie einen Ball hervor.
Milan grinst.
Genau wie Leni und Tom.

Achtung!
Milans Mutter nähert sich.
Der Ball muss verschwinden.
Rasch lässt Milan ihn fallen:
unter den Tisch. Dort kickt er
ihn heimlich zu Karo.

Karo kickt zu Leni,
Leni zu Tom,
Tom zu Alex.
Im Zickzack geht es
unter dem Tisch hin und her.
Dann schießt Milan erneut.

Doch sein Schuss ist zu hart.
Der Ball saust
durch die Tischbeine hindurch.
Boing! Das war der Blumentopf.
Die Palme kippt um.
„Milan!!“, schimpft die Mutter.

Die Flucht

Milan flüstert:
„Besser, wir verschwinden!“
Die anderen folgen ihm
in den Flur.
Natürlich mit dem Ball.

Karo kritzelt schnell
eine Nachricht auf Papier.
Milan huscht in sein Zimmer.
Im Rucksack schmuggelt er
die Fußballschuhe hinaus.
Dann schleichen alle davon.

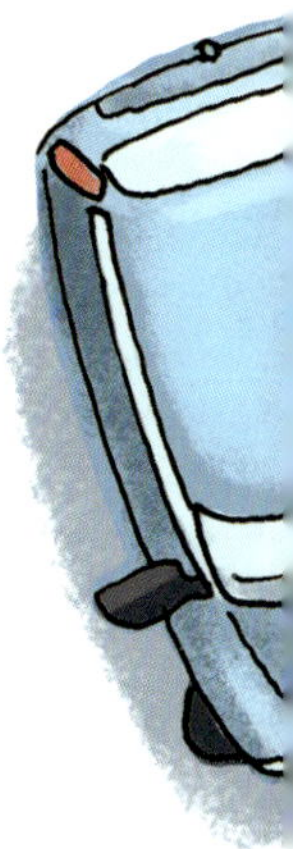

Wie doof! Auf der Straße
ist kein Platz.
Überall parken Autos.
Wo soll man da kicken?
„Auf zum Fußballplatz!“,
ruft Karo.

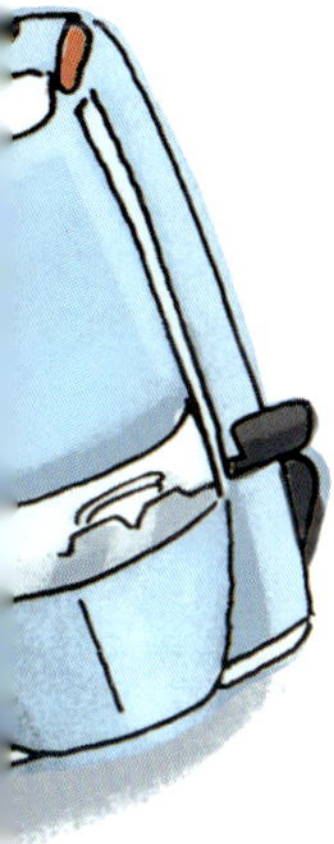

Bis auf Alex haben alle Lust.
Alex mag Fußball nicht.
Trotzdem kommt er mit.
Bei den Eltern zu bleiben
findet er noch schlimmer.
Die fünf stürmen los.

Unterwegs kicken sie sich
den Ball immer wieder zu.
Es nieselt. Na und?
Für echte Kicker gibt’s
kein schlechtes Wetter.
Da ist auch schon der Platz.

Auf dem Platz

Sonst ist hier oft Training.

Heute nicht.

Das Feld ist leer.

Wer spielt gegen wen?

Hm ... Alle überlegen.

Alex tritt ein Stück zurück.
„Ich kicke nicht mit“,
sagt er.
Dafür bietet er an,
Schiedsrichter zu sein.
Prima!

Milan holt aus dem Rucksack
eine rote Stulpe.
Und eine gammelige Banane.
„Das sind deine Karten!“,
erklärt er Alex.

Profifrage 6

Was bedecken die Stulpen
beim Fußballer?

- das Bein bis zum Knie
- Knie und Oberschenkel
- die Arme bis zur Schulter

Es regnet jetzt stärker.
Aber wen stört das schon?
Alex steckt die Finger
in den Mund und pfeift.
Los geht's!
Das Spiel beginnt.

Das Spiel

Karo und Milan spielen
gegen Leni und Tom.
Oha! Das wird
keine leichte Partie.
Milan stöhnt. Tom ist gut.
Er spielt im Verein.

Ohne große Mühe
trickst Tom Milan aus.
Er lupft den Ball einfach
über ihn hinweg.
Doch Milan gibt nicht auf.
Er jagt Tom hinterher.

Fast hat Milan den Ball.
Er streckt sein Bein aus
und … Upps!
Tom torkelt.
Er fällt und rollt über
die matschige Wiese.

Nicht schlimm! Tom lacht.

Doch der Schiri pfeift.

Na, na, na! Das gibt Gelb!

Alex hält die Banane hoch.

Alle kichern.

Milan reicht Tom die Hand.

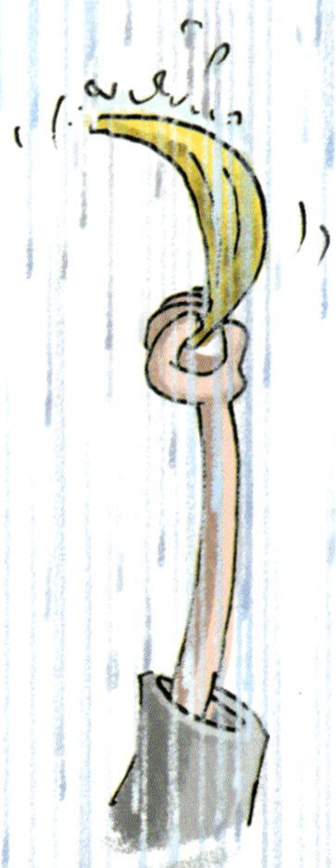

Profifrage 7

Was hat Milan gemacht?

- ein Foul
- ein Tor
- einen Spagat

Schon wird weitergespielt.
Karo erobert den Ball.
Sie rennt los
und kickt den Ball Milan zu.
Milan zielt aufs Tor.
Er schießt mit aller Wucht.

Aber was ist das?
Plötzlich löst sich
Milans Schuh.
Er fliegt durch die Luft.
Der Ball saust am Tor vorbei.
Doch der Schuh geht ins Netz.

Alle lachen laut.

War das ein Tor?

Schiri Alex überlegt.

„Ein halbes“, findet er.

Lustige Treffer zählen auch.

Vor Freude
schlägt Karo ein Rad.
Tom macht
gerade einen Anstoß.
Der Ball trifft auf Karos Fuß.
An der Ferse prallt er ab.

Milan hechtet hinterher.
In nur einem Schuh.
Aber zu spät!
Der Ball geht direkt ins Tor.
Auweia – Eigentor!

Ein halb zu eins!
Tom und Leni führen.
Egal. Karo lacht.
Ihr Tor war super, findet sie.
Sie reißt die Hände hoch
und läuft eine Ehrenrunde.

Vorsicht, Karo! Pass auf!
Da, die Pfütze!
Karo bemerkt sie nicht.
Sie schlittert hinein
und rutscht
in der Matsche aus.

Auf dem Bauch gleitet sie
durch den Schlamm.
Fast ist sie im Tor.
Karo hilft mit den Armen nach.
Bravo! Auch das zählt halb!
Eins zu eins!

Der Regen prasselt
immer stärker.
Trotzdem will keiner gehen.
Auch Alex nicht.
Plötzlich findet er Fußball
gar nicht mehr so blöd.

Ob auch er so ein
verrücktes Tor hinkriegt?
Alex legt den Ball zurecht
und nimmt Anlauf.
Er rennt rückwärts!
Zack, mit der Hacke …

Und der Ball springt ins Netz!
Alle jubeln.
Besonders Milan und Karo.
Denn Alex hat zufällig ins Tor
von Leni und Tom getroffen.
„Zwei zu eins!“, grölt Karo.

Jetzt rennt Leni zum Ball
und schießt ihn weg.
Er fliegt gegen einen Baum,
prallt dort ab und saust
zum anderen Tor.
Schade! Knapp daneben.

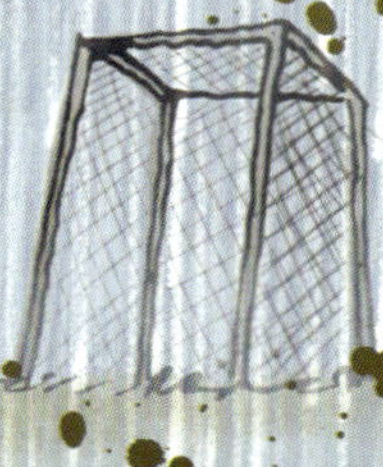

Profifrage 8

Wohin fliegt Lenis Ball?

- vom Tor zum Baum
- vom Baum zum Tor
- vom Baum ins Tor

Zurück

Milan blickt auf die Uhr.
Oh! Schon so spät?
Sie müssen gehen.
Nass, dreckig und lachend
trotten die fünf zurück.
Milan klingelt daheim.

Die Haustür öffnet sich.

Milans Eltern erschrecken.

Aber dann lachen sie.

Die anderen Eltern schmunzeln.

Alle bekommen trockene Sachen.

Und jetzt? Milan grinst.

Er führt
die anderen in den Keller.
Dort steht ein Kicker.
„Weiter geht's!“, ruft er.
Denn ohne Fußball
geht es nicht.

Für Vollprofis

Jetzt sind die Geschichten zu Ende.
Hier geht's mit Aufgaben für Vollprofis weiter!
Die Lösungen findest du ab S. 88.

1. Welche Fußbälle gibt es nicht in den Geschichten?

2. Ordne die Fußballwörter alphabetisch.

dribbeln

Anstoß

Elfmeter

Liga

Stürmer

Mittelfeldspieler

flanken

Rote Karte

Für Vollprofis

3. Was siehst du?

	ja	nein
Eine gelbe Kappe	X	
Einen braunen Ball		X
Ein einfarbiges T-Shirt	X	
Gestreifte Socken		X
Zwei Mülltonnen		X

4. Finde die versteckten Fußballwörter!

Q	V	T	R	E	F	F	E	R
X	E	J	G	L	F	B	K	H
S	R	F	S	N	M	K	R	Q
T	E	T	D	E	Y	T	O	R
U	I	R	F	T	M	V	W	Ö
L	N	A	U	Z	L	F	S	K

5. Welche Wörter sind gar keine Wörter? Streiche durch.

Ball
Knall
Grall
Tall
Tor
Schlor
Nor
Rohr
Kluß
Fuß
Wuß
Gruß

Für Vollprofis

6. Wie viele Tore fallen in den beiden Geschichten?

- 13 ☒
- 12 ☐
- 9 ☐
- 11 ☐

7. Sprich die Sätze sehr schnell.
Was fällt dir auf?

Fanatische Fans feiern fünf fitte Fußballer.

Karo kickt knallharte Konterangriffe.

Mag Milan matschige Matsche?

8. Finde immer längere Wörter.

Fuß
Fußball

Fußballwelt

Fußballweltmeister

Fußballweltmeisterschaft

Fußballweltmeisterschaftstitel

Herzlichen Glückwunsch!

Geschafft. Jetzt bist du ein echter Leseprofi! Noch mehr spannende Bücher findest du unter www.duden-leseprofi.de

Lösungen

1. 

2. Anstoß; dribbeln; Elfmeter; flanken; Liga; Mittelfeldspieler; Rote Karte; Stürmer

3.

	ja	nein
Eine gelbe Kappe	X	
Einen braunen Ball		X
Ein einfarbiges T-Shirt	X	
Gestreifte Socken		X
Zwei Mülltonnen		X

4. Waagrecht: TREFFER; TOR
Senkrecht: VEREIN; NETZ

5. Ball, Knall, ~~Grall~~, ~~Tall~~
Tor, ~~Schtor~~, ~~Nor~~, Rohr
~~Kluß~~, Fuß, ~~Wuß~~, Gruß

6. 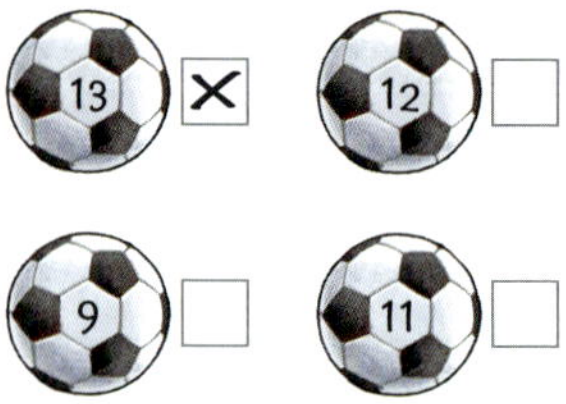

7. In diesen Zungenbrecher-Sätzen fängt jedes Wort mit dem gleichen Buchstaben an.

Fanatische Fans feiern fünf fitte Fußballer.

Karo kickt knallharte Konterangriffe.

Mag Milan matschige Matsche?

8. Zum Beispiel:
Fuß
Fußball
Fußballwelt
Fußballweltmeister
Fußballweltmeisterschaft
Fußballweltmeisterschaftstitel

So kannst du dir ganz leicht dein Lesezeichen als Lösungsschlüssel basteln:

1. Schneide das Lesezeichen auf der nächsten Seite sorgfältig an den Rändern entlang mit einer Bastelschere aus und falte es in der Mitte an der Linie.

2. Klebe die beiden Seiten fest zusammen. Wenn du möchtest, kannst du zur Verstärkung noch eine Pappe dazwischenkleben.

3. Fertig ist dein Lösungsschlüssel! Für jede Antwort findest du ein Puzzleteil. Wenn es zum Puzzle auf dem Lesezeichen passt, ist die Antwort richtig!

Leseprofi

Profifrage 5

Profifrage 6

Profifrage 7

Profifrage 8

Leseprofi

Profifrage 1

Profifrage 2

Profifrage 3

Profifrage 4

Klebefläche

Klebefläche